(주)학산문화사

세계 여러 나라의 도시를 돌며
꼭꼭 숨어 있는 단어들을 찾아 주세요!

원 안의 글자를 연결해서
단어를 찾아 주세요.

단어가 생각나지 않을 때는
힌트를 보세요.

문제를 푼 시간을 재고
내 점수를 표시해 보세요.

각 Level이 끝나고 나오는
낱말 퍼즐도 꼭 풀어 보세요.

Level 1

페루
마추픽추

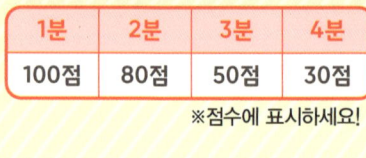

1분	2분	3분	4분
100점	80점	50점	30점

※점수에 표시하세요!

💡 힌트

운○○ : 운동할 때 신는 신, 또는 평상시에 활동하기 편하게 신는 신이에요.

동○○ : 동화를 쓴 책이에요.

그리스
산토리니

1분	2분	3분	4분
100점	80점	50점	30점

※점수에 표시하세요!

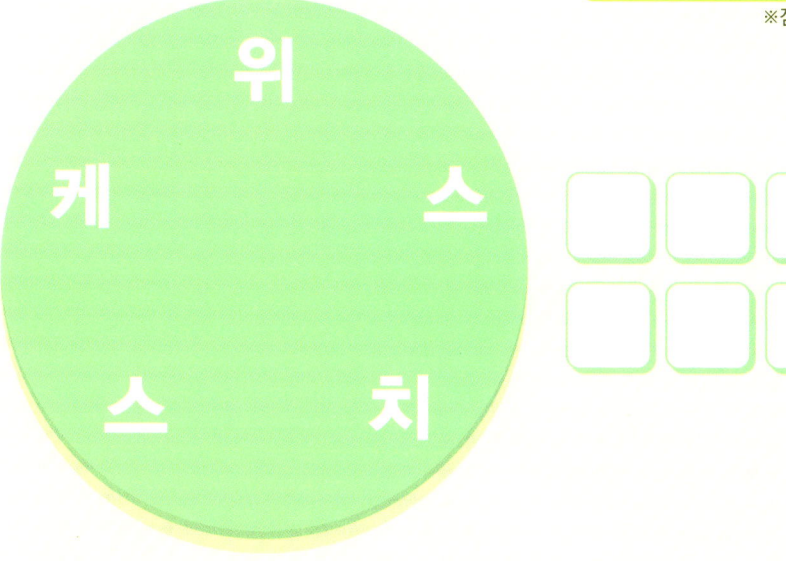

 힌트

ㅅ○○ : 미술에서 실재하는 사물을 보고 모양을 간추려서 그린 그림이에요.

ㅅ○○ : 유럽 중부에 있는 중립국으로 알프스 산맥이 유명해요.

러시아
모스크바

1분	2분	3분	4분
100점	80점	50점	30점

※점수에 표시하세요!

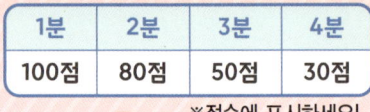

소 류 해 정 조

💡 힌트

해○○ : 바다에서 나는 조류를 통틀어 이르는 말이에요.

정○○ : 버스나 택시 따위가 사람을 태우거나 내려 주기 위하여 머무르는 일정한 장소예요.

아이슬란드
게이시르

1분	2분	3분	4분
100점	80점	50점	30점

※점수에 표시하세요!

 힌트

물○○ : 헤엄칠 때 발등으로 물 위를 잇따라 치는 일이에요.

장○○ : 몸치장을 하는 데 쓰는 물건으로 반지, 귀고리, 노리개, 목걸이, 팔찌, 비녀, 브로치, 넥타이핀 따위를 통틀어 이르는 말이에요.

중국
상하이

1분	2분	3분	4분
100점	80점	50점	30점

※점수에 표시하세요!

 힌트

시○○ : 도시에서 떨어져 한적한 느낌을 주는 시골에 나 있는 길이에요.

골○○ : 큰길에서 들어가 동네 안을 이리저리 통하는 좁은 길이에요.

이탈리아
베네치아

1분	2분	3분	4분
100점	80점	50점	30점

※점수에 표시하세요!

힌트

오○○ : 사람이 겨우 들어가 살 정도로 작게 지은 막, 또는 작고 초라한 집이에요.

오○○ : 낮은 곳에서 높은 곳으로 이어지는 비탈진 곳을 말해요.

미국
하와이

1분	2분	3분	4분
100점	80점	50점	30점

※점수에 표시하세요!

나 자 빈 개 리

 **힌트**

빈○○ : 사람이 앉지 않아 비어 있는 자리, 또는 회사나 모임에서 인원이 차지 않아 비어 있는 자리를 말해요.

개○○ : 이른 봄에 잎보다 먼저 노란 꽃이 피는 식물이에요.

인도
타지마할

1분	2분	3분	4분
100점	80점	50점	30점

※점수에 표시하세요!

하
수   도
은

 힌트

은○○ : 수많은 별이 모여 마치 밤하늘에 흐르는 강처럼 보인다고 붙여진 이름이에요.

하○○ : 빗물이나 집, 공장, 병원 따위에서 쓰고 버리는 더러운 물이 흘러가도록 만든 설비를 말해요.

대한민국
제주도

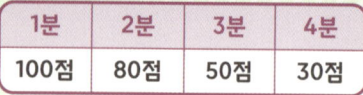

1분	2분	3분	4분
100점	80점	50점	30점

※점수에 표시하세요!

 힌트

ㅅ○○ : 앞면에는 글이나 그림을 인쇄하고 뒷면에는 접착제를 발라 놓아서 어디든 붙일 수 있는 종이예요.

ㅅ○○ : 마술이나 여러 가지 곡예, 동물의 묘기 따위를 보여 주는 공연이에요.

베트남
하롱베이

1분	2분	3분	4분
100점	80점	50점	30점

※점수에 표시하세요!

장
눈   동
자   면

💡 힌트

자○○ : 고기와 채소를 넣어 볶은 중국 된장에 비벼 먹는 국수예요.

눈○○ : 눈알의 한가운데에 있는, 빛이 들어가는 부분이에요.

일본
도쿄

1분	2분	3분	4분
100점	80점	50점	30점

※점수에 표시하세요!

딘
알
라
코
리

💡 힌트

알○○ : 소원을 들어주는 신비한 램프를 가진 동화 속 인물이에요.

코○○ : 오스트레일리아에 사는 동물로 새끼를 업어 키우는 특징이 있어요.

영국
런던

1분	2분	3분	4분
100점	80점	50점	30점

※점수에 표시하세요!

와
에 이
하 나

💡 힌트

하○○ : 미국 하와이주 가운데 가장 큰 섬으로 관광지로 유명해요.

하○○○ : 성질이 사나우며, 죽은 짐승의 고기를 먹는다고 해서 초원의 청소부라는 별명이 있어요.

캐나다
벤프

1분	2분	3분	4분
100점	80점	50점	30점

※점수에 표시하세요!

 힌트

그○○ : 물체가 빛을 가려서 그 물체의 뒷면에 드리워지는 검은 그늘이에요.

알○○ : 학교에서 집으로 보내는 전달 사항을 적는 공책이에요.

프랑스
파리

1분	2분	3분	4분
100점	80점	50점	30점

※점수에 표시하세요!

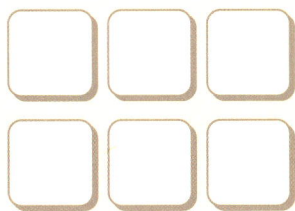

 힌트

우○○ : 우주를 여행할 때에 입도록 만든 특수한 옷이에요.

주○○ : 전파나 음파가 1초 동안에 진동하는 횟수예요.

멕시코
멕시코시티

1분	2분	3분	4분
100점	80점	50점	30점

※점수에 표시하세요!

 힌트

행○○ : 좋은 운수를 만나 일이 뜻대로 잘되어 가는 사람을 말해요.

망○○ : 말의 새끼예요.

미국
알래스카

1분	2분	3분	4분
100점	80점	50점	30점

※점수에 표시하세요!

힌트

세○○ : 자동차의 차체, 바퀴, 기관 따위에 묻은 먼지나 흙 따위를 씻는 시설을 갖추어 놓은 곳이에요.

장○○ : 장마가 지는 철로 우리나라에서는 대체로 6월 말부터 8월 초에 있어요.

네덜란드
암스테르담

1분	2분	3분	4분
100점	80점	50점	30점

※점수에 표시하세요!

💡 **힌트**

표○○ : 우리나라에서 교양 있는 사람들이 두루 쓰는 현대 서울말로 정함을 원칙으로 하는 언어예요.

준○○ : 미리 마련하여 갖추어 놓는 물건을 말해요.

싱가포르
싱가포르

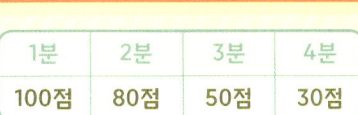

1분	2분	3분	4분
100점	80점	50점	30점

※점수에 표시하세요!

수
쌀   떡
찹   국

 힌트

찹○○ : 찹쌀로 만든 떡이에요.
쌀○○ : 쌀가루로 만든 국수예요.

덴마크
코펜하겐

1분	2분	3분	4분
100점	80점	50점	30점

※점수에 표시하세요!

💡 힌트

도○○ : 여름에 흰색과 보라색으로 꽃이 피고 뿌리는 먹어요.

도○○ : 어떤 곳에 이르러 닿는 곳을 말해요.

오스트레일리아
시드니

1분	2분	3분	4분
100점	80점	50점	30점

※점수에 표시하세요!

 힌트

알○○ : 유럽 중남부에 있는 큰 산맥으로 스위스, 프랑스, 이탈리아, 오스트리아에 걸쳐 있어요.

프○○ : 유럽 서부에 있는 나라로 수도는 파리예요.

단어 실력 레벨 업!!
가로세로 낱말 퍼즐 1

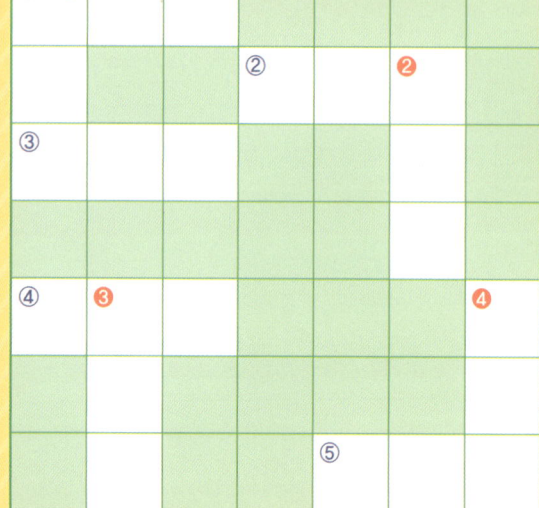

🌟 가로 열쇠

① **스**○○ : 미술에서 실재하는 사물을 보고 모양을 간추려서 그린 그림이에요.

② **세**○○ : 자동차의 차체, 바퀴, 기관 따위에 묻은 먼지나 흙 따위를 씻는 시설을 갖추어 놓은 곳이에요.

③ **스**○○ : 앞면에는 글이나 그림을 인쇄하고 뒷면에는 접착제를 발라 놓아서 어디든 붙일 수 있는 종이예요.

④ **은**○○ : 수많은 별이 모여 마치 밤하늘에 흐르는 강처럼 보인다고 붙여진 이름이에요.

⑤ **골**○○ : 큰길에서 들어가 동네 안을 이리저리 통하는 좁은 길이에요.

🌟 세로 열쇠

❶ **스**○○ : 유럽 중부에 있는 중립국으로 알프스 산맥이 유명해요.

❷ **장**○○ : 장마가 지는 철로 우리나라에서는 대체로 6월 말부터 8월 초에 있어요.

❸ **하**○○ : 빗물이나 집, 공장, 병원 따위에서 쓰고 버리는 더러운 물이 흘러가도록 만든 설비를 말해요.

❹ **시**○○ : 도시에서 떨어져 한적한 느낌을 주는 시골에 나 있는 길이에요.

※정답은 114쪽에서 확인하세요.

Level 2

페루
마추픽추

2분	4분	6분	8분
100점	80점	50점	30점

※점수에 표시하세요!

힌트

피○○ : 스페인 출신으로 프랑스에서 활동한 입체파 화가예요.

대○○ : 위급한 상황이 발생했을 때 대피할 수 있도록 만들어 놓은 곳이에요.

대○○ : 대규모의 청소를 말해요.

그리스
산토리니

2분	4분	6분	8분
100점	80점	50점	30점

※점수에 표시하세요!

술
등   팔
신   호

💡 힌트

신○○ : 안전한 교통질서를 위해 빨강, 초록 등의 색등으로 지시를 구분하는 신호기예요.

호○○ : 몸을 보호하기 위한 무술로 태권도, 유도 등이 있어요.

팔○○ : 키와 얼굴의 비율이 8:1이 되는 몸으로 아름다운 몸의 표준이라고 해요.

러시아
모스크바

2분	4분	6분	8분
100점	80점	50점	30점

※점수에 표시하세요!

개 / 천 / 문 / 선 / 과 / 절

힌트

개○○ : 전쟁에서 이기고 돌아오는 군사를 환영하고 기념하기 위하여 세운 문으로 특히 파리에 있는 것이 유명해요.

개○○ : 단군왕검이 왕검성에 도읍을 정하고 우리나라 최초의 나라를 세운 날을 기념하기 위해 제정한 국경일이에요.

개○○○ : 지난날의 잘못을 뉘우치고 착한 사람이 되었다는 뜻의 고사성어예요.

아이슬란드
게이시르

2분	4분	6분	8분
100점	80점	50점	30점

※점수에 표시하세요!

도
인
흥
문
신
지

힌트

인○○ : 어떤 사람이나 물건을 알아보는 정도를 말해요.

신○○ : 신문 기사를 실은 종이예요.

흥○○○ : 흔히 동대문으로 알려진 우리나라 보물 1호의 원래 이름이에요.

중국
상하이

2분	4분	6분	8분
100점	80점	50점	30점

※점수에 표시하세요!

💡 힌트

전○○ : 전기장과 자기장이 시간에 따라 변할 때 발생하는 파동으로 우리 몸에 해롭다고 해요.

파○○ : 헐렁한 윗옷과 바지로 된 잠옷을 이르는 말이에요.

방○○ : 파도를 막기 위해 항만에 쌓은 둑이에요.

이탈리아
베네치아

2분	4분	6분	8분
100점	80점	50점	30점

※점수에 표시하세요!

석
력   암
굴   기
   흑

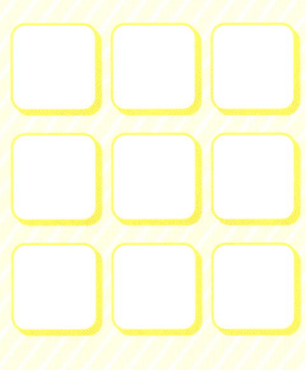

 **힌트**

석○○ : 신라 경덕왕 때 김대성이 지은 우리나라의 대표적인 석굴 사원이에요.

암○○ : 외워서 잊지 않는 힘이에요.

암○○ : 도덕이나 이성, 문명이 쇠퇴하고 세상이 어지러운 시기를 말해요.

미국
하와이

2분	4분	6분	8분
100점	80점	50점	30점

※점수에 표시하세요!

도 / 세 / 온 / 사 / 자 / 계

힌트

- 세○○ : 동양사와 서양사를 합친 역사. 하나의 전체로서 통일적인 연관성을 지닌 세계의 역사를 일컫는 말이에요.
- 온○○ : 온도를 측정하는 기기예요.
- 사○○○ : 조선 영조의 둘째 아들이자 정조의 아버지로 영조의 명에 의해 뒤주에 갇혀 죽었어요.

인도
타지마할

2분	4분	6분	8분
100점	80점	50점	30점

※점수에 표시하세요!

사 업 집 가 초 면

힌트

- 사○○ : 사업을 계획하고 경영하는 사람을 말해요.
- 초○○ : 짚이나 갈대 따위로 지붕을 인 집이에요.
- 사○○○ : 사방에서 들리는 초나라의 노래라는 뜻으로, 적에게 둘러싸인 상태나 누구의 도움도 받을 수 없는 상태를 말하는 사자성어예요.

대한민국
제주도

3분	5분	7분	10분
100점	80점	50점	30점

※점수에 표시하세요!

💡 힌트

- 미○○ : 하남 ○○○ 유적은 경기도 하남시 미사동에 있는 선사 시대 유적이에요.
- 미○○ : 머리나 화장 등으로 사람을 아름답게 꾸미는 일을 직업으로 하는 사람을 말해요.
- 테○○ : 흔히 둘레의 가장자리를 말해요.
- 용○○○ : 용의 머리와 뱀의 꼬리라는 뜻으로, 시작은 좋지만 끝이 부진한 현상을 이르는 말이에요.

베트남
하롱베이

3분	5분	7분	10분
100점	80점	50점	30점

※점수에 표시하세요!

서
식   지
고   원

힌트

- 서○○ : 생물 따위가 일정한 곳에 자리를 잡고 사는 곳이에요.
- 지○○ : 어떤 일이나 조직에 뜻을 두어 한 구성원이 되기를 희망하여 필요한 것을 적어서 내는 서류예요.
- 고○○ : 국가나 공공 기관 따위가 일정한 금액을 부과하는 문서예요.
- 원○○ : 글자 수 계산이 편해 원고를 쓰기 편리하게 만든 종이예요.

일본
도쿄

2분	4분	6분	8분
100점	80점	50점	30점

※점수에 표시하세요!

감 진 달 래 고 박

💡 힌트

박○○ : 생동감 있고 활기차고 적극적이어서 현실적으로 느껴지는 느낌이에요.

진○○ : 봄에 피는 꽃으로 참꽃 또는 두견화 라고도 해요.

고○○○ : 쓴 것이 다하면 단 것이 온다는 말로, 고생 끝에 즐거움이 온다는 뜻의 사자성어예요.

영국
런던

2분	4분	6분	8분
100점	80점	50점	30점

※점수에 표시하세요!

능 인 지 어 주 공

힌트

주○○ : 이야기의 중심이 되는 인물, 혹은 어떤 일에서 중심이 되거나 주도적인 역할을 하는 사람이에요.

인○○○ : 인간의 학습 능력과 추론 능력, 지각 능력, 자연언어의 이해 능력 등을 컴퓨터 프로그램으로 실현한 기술이에요. 바둑 프로그램 알파고도 이걸 가지고 있어요.

인○○○ : 안데르센의 동화로 왕자를 사랑한 공주의 이룰 수 없는 사랑을 이야기한 동화예요.

캐나다
밴프

3분	5분	7분	10분
100점	80점	50점	30점

※점수에 표시하세요!

글자: 곰, 의, 제, 호, 형, 인, 호, 변

힌트

곰○○ : 곰 모양으로 만든 장난감이에요.

변○○ : 피의자나 피고인의 이익을 보호하는 보조자로서 변호를 담당하는 사람이에요.

의○○ : 《삼국지》의 유비, 관우, 장비처럼 의로 맺은 형제예요.

호○○○ : 서로 형이니 아우니 하고 부른다는 뜻으로, 매우 가까운 친구로 지냄을 이르는 말이에요.

프랑스
파리

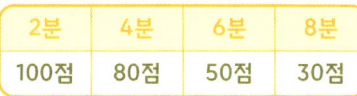

2분	4분	6분	8분
100점	80점	50점	30점

※점수에 표시하세요!

간 / 늑 / 장 / 인 / 대 / 리

힌트

대○○ : 쇠를 달구어 온갖 연장을 만드는 곳을 말해요.

대○○ : 다른 사람을 대신하는 사람이에요.

늑○○○ : 평소에는 사람이지만 보름달을 보면 늑대로 변한다는 서양 이야기에 나오는 괴물이에요.

멕시코
멕시코시티

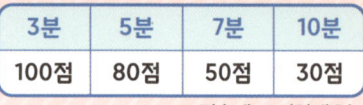

3분	5분	7분	10분
100점	80점	50점	30점

※점수에 표시하세요!

💡 힌트

개○○ : 개인의 기술, 특히 단체 경기를 하는 운동에서의 개인의 기량을 말해요.

식○○ : 매년 4월 5일로 나무를 많이 심고 가꾸도록 권장한 날이에요.

성○○ : 성인이 되었음을 축하하는 의식이에요.

개○○○ : 태양이 달에 완전히 가려 보이지 않는 현상이에요.

미국
알래스카

2분	4분	6분	8분
100점	80점	50점	30점

※점수에 표시하세요!

심
목 유
서 민
기

힌트

유○○ : 목축을 업으로 삼아 물과 풀을 따라 옮겨다니며 사는 민족이에요.

서○○ : 손오공, 저팔계, 사오정과 삼장법사가 주인공인 중국의 고대 소설이에요.

목○○○ : 조선 순조 때 정약용이 지은 지방의 수령들이 지켜야 할 지침을 쓴 책이에요.

네덜란드
암스테르담

2분	4분	6분	8분
100점	80점	50점	30점

※점수에 표시하세요!

힌트

동○○ : 같은 학교를 졸업한 사람들이 모여 서로 친목을 도모하기 위해 만든 조직이에요.

집○○ : 집의 소유권을 증명하는 서류예요.

동○○○ : 물음과는 전혀 상관없는 엉뚱한 대답을 이르는 한자어예요.

싱가포르
싱가포르

2분	4분	6분	8분
100점	80점	50점	30점

※점수에 표시하세요!

배 / 제 / 지 / 유 / 간 / 사

 **힌트**

유○○ : 죄인이 귀양살이하는 곳을 말해요.

사○○ : 개인 또는 사법인이 가진 땅이에요.

사○○○ : 스승과 제자의 사이를 말해요.

덴마크
코펜하겐

2분	4분	6분	8분
100점	80점	50점	30점

※점수에 표시하세요!

현 / 첨 / 상 / 화 / 비 / 금

힌트

현○○ : 사람을 잡기 위해, 혹은 뭔가를 찾기 위해 내건 돈이에요.

비○○ : 밖의 긴급한 사태에 쓰기 위하여 마련하여 둔 돈이에요.

금○○○ : 비단 위에 꽃을 더한다는 뜻으로, 좋은 일 위에 또 좋은 일이 더해진다는 사자성어예요.

오스트레일리아
시드니

2분	4분	6분	8분
100점	80점	50점	30점

※점수에 표시하세요!

혐
무　　개
　　감　　의
량

힌트

무○○ : 범죄를 저질렀다는 혐의가 없다는 말이에요.

의○○ : 의무를 느끼는 마음을 말해요.

감○○○ : 마음속에서 느끼는 끝이 없는 감동이나 느낌, 혹은 그렇게 느끼는 것을 말해요.

단어 실력 레벨 업!!
가로세로 낱말 퍼즐 2

☆ 가로 열쇠

① **사**○○○ : 사방에서 들리는 초나라의 노래라는 뜻으로, 적에게 둘러싸인 상태나 누구의 도움도 받을 수 없는 상태를 말하는 사자성어예요.

② **박**○○ : 생동감 있고 활기차고 적극적이어서 현실적으로 느껴지는 느낌이에요.

③ **신**○○ : 안전한 교통질서를 위해 빨강, 초록 등의 색등으로 지시를 구분하는 신호기예요.

④ **개**○○ : 전쟁에서 이기고 돌아오는 군사를 환영하고 기념하기 위하여 세운 문으로 특히 파리에 있는 것이 유명해요.

☆ 세로 열쇠

① **사**○○ : 사업을 계획하고 경영하는 사람을 말해요.

② **의**○○ : 의무를 느끼는 마음을 말해요.

③ **진**○○ : 봄에 피는 꽃으로 참꽃 또는 두견화라고도 해요.

④ **호**○○ : 몸을 보호하기 위한 무술로 태권도, 유도 등이 있어요.

⑤ **흥**○○○ : 흔히 동대문으로 알려진 우리나라 보물 1호의 원래 이름이에요.

※정답은 115쪽에서 확인하세요.

Level 3

페루
마추픽추

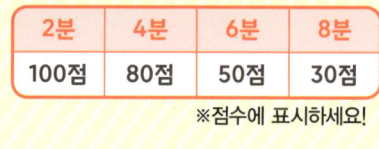

2분	4분	6분	8분
100점	80점	50점	30점

※점수에 표시하세요!

소
손   등
전   풍
   화

💡 힌트

손○○ : 가지고 다닐 수 있는 작은 전등으로 건전지를 넣으면 불이 들어와요.

소○○ : 소화 호스를 장치하기 위하여 상수도의 급수관에 설치하는 시설이에요.

풍○○○ : 바람 앞의 등불이라는 뜻으로, 사물이 매우 위태로운 처지에 놓여 있음을 비유적으로 이르는 말이에요.

그리스
산토리니

2분	4분	6분	8분
100점	80점	50점	30점

※점수에 표시하세요!

감
간　　　이
언　　　설
　질

힌트

이○○ : 성질이 서로 달라 낯설거나 잘 맞지 않는 느낌을 말해요.

이○○ : 두 사람이나 나라 따위의 중간에서 서로를 멀어지게 하는 일을 낮잡아 이르는 말이에요.

감○○○ : 귀가 솔깃하도록 달콤하게 남의 비위를 맞추거나 이로운 조건을 내세워 꾀는 말이에요.

러시아
모스크바

2분	4분	6분	8분
100점	80점	50점	30점

※점수에 표시하세요!

힌트

청○○ : 청구하는 내용의 문서를 말해요.

이○○○ : 파충류의 한 종류로 몸의 길이는 1.5~2미터이고 꼬리가 길며, 잿빛을 띤 녹색에 검은색 얼룩무늬가 있어요.

아○○○ : 뉴스 보도, 사회, 실황 중계의 방송을 맡아 하는 사람이나 또는 그런 직책을 이르는 말이에요.

아이슬란드
게이시르

2분	4분	6분	8분
100점	80점	50점	30점

※점수에 표시하세요!

💡 힌트

숙○○ : 여관이나 호텔 등 숙박 시설에서 잠을 자는 데에 드는 비용이에요.

산○○ : 산에 가파르게 기울어져 있는 곳을 말해요.

풍○○○ : 사방으로 날아 흩어졌다는 뜻의 한자어예요.

중국
상하이

2분	4분	6분	8분
100점	80점	50점	30점

※점수에 표시하세요!

지 정 장 화 점 백 룡

힌트

백○○ : 여러 가지 상품을 부문별로 나누어 진열하고 판매하는 현대식 종합 소매점으로 고급스러운 이미지를 가지고 있어요.

백○○ : 하얀 종이의 낱장으로, 이것도 맞들면 낫다고 해요.

화○○○ : 무슨 일을 하는 데에 가장 중요한 부분을 완성한다는 것을 비유적으로 이르는 말이에요.

이탈리아
베네치아

3분	5분	7분	10분
100점	80점	50점	30점

※점수에 표시하세요!

장
소   무
독   대
박

힌트

장○○ : 장독 따위를 놓아두려고 뜰 안에 좀 높직하게 만들어 놓은 곳이에요.

독○○ : 한 사람만 나와서 연기하는 무대, 혹은 한 사람이 독차지한 판을 말해요.

소○○ : 소대를 지휘하고 통솔하는 책임 장교로 보통 소위나 중위가 맡아요.

박○○○ : 손뼉을 치며 크게 웃는 웃음이에요.

미국
하와이

2분	4분	6분	8분
100점	80점	50점	30점

※점수에 표시하세요!

💡 힌트

상○○ : 마음에 둔 사람을 몹시 그리워하는 데서 생기는 마음의 병을 말해요.

불○○ : 상서롭지 못한 일로 안 좋은 일을 말해요.

동○○○ : 같은 병을 앓는 사람끼리 서로 가엾게 여긴다는 뜻의 고사성어 예요.

인도
타지마할

2분	4분	6분	8분
100점	80점	50점	30점

※점수에 표시하세요!

고 락 색 동 다 동 방

 힌트

다○○ : 다락처럼 높은 곳에 만들어 꾸민 방이에요.

고○○ : 검붉은 빛을 띤 누런색이에요.

동○○○ : 괴로움도 즐거움도 함께한 사이예요.

대한민국
제주도

2분	4분	6분	8분
100점	80점	50점	30점

※점수에 표시하세요!

💡 힌트

천○○ : 천 리 밖의 것을 볼 수 있는 눈이라는 뜻으로, 사물을 꿰뚫어 볼 수 있는 뛰어난 관찰력을 비유적으로 이르는 말이에요.

사○○ : 한 지점에서 길이 네 방향으로 갈라져 나간 길이에요.

일○○○ : 강물이 빨리 흘러 천 리를 간다는 뜻으로, 어떤 일이 거침없이 빨리 진행됨을 이르는 한자어예요.

베트남
하롱베이

2분	4분	6분	8분
100점	80점	50점	30점

※점수에 표시하세요!

일 / 사 / 푼 / 안 / 병 / 무

💡 힌트

일○○ : 한여름에 뙤약볕에 오래 서 있거나 행진, 노동을 하는 경우에 생기는 병이에요.

무○○ : 돈이 한 푼도 없는 사람을 말해요.

무○○○ : 큰 탈이 없이 편안하고 한가로운 상태만을 유지하려는 태도를 말해요.

일본
도쿄

2분	4분	6분	8분
100점	80점	50점	30점

※점수에 표시하세요!

제
실   명
유   무
　 역

힌트

실〇〇 : 실제 이름을 밝히는 제도를 말해요.

역〇〇 : 역무원들이 일을 보는 방이에요.

유〇〇〇 : 이름만 그럴듯하고 실속은 없을 때를 말해요.

영국
런던

2분	4분	6분	8분
100점	80점	50점	30점

※점수에 표시하세요!

 힌트

도○○ : 남에게 봉사하는 사람, 또는 어떤 일을 거들어 주기 위해 채용된 사람이에요.

도○○ : 직사각형을 여러 개 늘어놓아 하나가 쓰러지면 연달아 쓰러지게 하는 놀이예요.

질○○○ : 몹시 빠르게 부는 바람과 무섭게 소용돌이치는 물결을 말해요. 흔히 사춘기를 ○○○○의 시기라고 하지요. 그만큼 정서적으로 혼란스러운 시기를 가리키기도 해요.

캐나다
벤프

2분	4분	6분	8분
100점	80점	50점	30점

※점수에 표시하세요!

사 자 심 봉 원 궁

 **힌트**

자○○ : 스스로에게 긍지를 가지는 마음이에요.

봉○○ : 봉사하는 사람이에요.

자○○○ : 어떤 일을 대가 없이 자발적으로 참여하여 돕는 활동이에요.

프랑스
파리

2분	4분	6분	8분
100점	80점	50점	30점

※점수에 표시하세요!

급
연 문
상 최
소

힌트

최○○ : 어떤 집단 가운데에서 가장 적은 나이를 가진 사람이에요.

최○○ : 가장 높은 정도나 등급이에요.

상○○ : 임금에게 글을 올리던 일, 또는 그 글을 말해요.

멕시코
멕시코시티

3분	5분	7분	10분
100점	80점	50점	30점

※점수에 표시하세요!

왕 주 대 신 종 기 세

💡 힌트

신○○ : 새로운 세대, 흔히 20대 이하의 젊은 세대를 말해요.
기○○ : 장래의 발전을 기대할 만한 인물을 비유적으로 이르는 말이에요.
세○○ : 한 가구를 이끄는 주가 되는 사람이에요.
세○○○ : 조선의 제4대 왕으로 훈민정음을 창제했어요.

미국 알래스카

2분	4분	6분	8분
100점	80점	50점	30점

※점수에 표시하세요!

보기: 보, 루, 신, 몸, 각, 기

 힌트

보○○ : 서울 종로에 있는 종각으로 매년 제야를 알리는 종이 있어요.

신○○ : 대기 속에서 빛의 굴절 현상에 의하여 공중이나 땅 위에 무엇이 있는 것처럼 보이는 현상이에요.

몸○○ : 보약이나 음식을 먹어 몸의 영양을 보충하는 거예요.

네덜란드
암스테르담

2분	4분	6분	8분
100점	80점	50점	30점

※점수에 표시하세요!

각 / 건 / 규 / 장 / 소 / 보

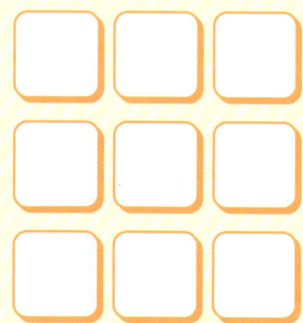

힌트

- 소○○ : 쓰레기나 폐기물 따위를 불에 태워 버리는 장소예요.
- 규○○ : 조선 정조 때에 설치한 왕실 도서관이에요.
- 보○○ : 질병의 예방, 진료, 공중 보건을 향상시키기 위한 공공 의료 기관이에요.

싱가포르

싱가포르

3분	5분	7분	10분
100점	80점	50점	30점

※점수에 표시하세요!

 힌트

뱃○○ : 배에서 신호를 하기 위하여 내는 '붕' 하는 소리를 말해요.

냉○○ : 0도씨 이하의 낮은 온도를 유지하며 음식 따위를 보존하는 곳이에요.

참○○ : 교과서 외에 학습에 참고가 되는 책이에요.

동○○○ : 동양과 서양, 옛날과 지금을 통틀어 이르는 말이에요.

덴마크
코펜하겐

3분	5분	7분	10분
100점	80점	50점	30점

※점수에 표시하세요!

별 탄 유 수 산 청 곡

힌트

산○○ : 산수유나무의 열매예요.

탄○○ : 이산화탄소가 녹아 있는 물로 청량음료 등의 재료로 쓰여요.

청○○○ : 8연으로 되어 있는 고려 시대의 속요로 현실 도피의 비애를 노래하고 있어요.

청○○○ : 막힘없이 썩 잘하는 말을 비유적으로 이르는 말이에요.

오스트레일리아
시드니

3분	5분	7분	10분
100점	80점	50점	30점

※점수에 표시하세요!

힌트

금○○ : 길이 후세에 남을 뛰어난 업적을 비유적으로 이르는 말이에요.

등○○ : 갈비의 등 쪽에 붙어 있는 부분이에요.

비○○ : 세금 추적을 할 수 없도록 특별히 관리하여 둔 부정한 돈을 통틀어 이르는 말이에요.

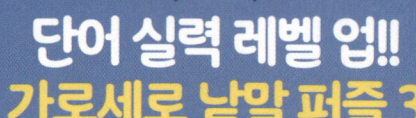

단어 실력 레벨 업!!
가로세로 낱말 퍼즐 3

★ 가로 열쇠

① 무○○ : 돈이 한 푼도 없는 사람을 말해요.
② 사○○ : 한 지점에서 길이 네 방향으로 갈라져 나간 길이에요.
③ 풍○○○ : 바람 앞의 등불이라는 뜻으로, 사물이 매우 위태로운 처지에 놓여 있음을 비유적으로 이르는 말이에요.
④ 몸○○ : 보약이나 음식을 먹어 몸의 영양을 보충하는 거예요.
⑤ 규○○ : 조선 정조 때에 설치한 왕실 도서관이에요.

★ 세로 열쇠

❶ 무○○○ : 큰 탈이 없이 편안하고 한가로운 상태만을 유지하려는 태도를 말해요.
❷ 소○○ : 소화 호스를 장치하기 위하여 상수도의 급수관에 설치하는 시설이에요.
❸ 등○○ : 갈비의 등 쪽에 붙어 있는 부분이에요.
❹ 보○○ : 서울 종로에 있는 종각으로 매년 제야를 알리는 종이 있어요.

※정답은 116쪽에서 확인하세요.

페루
마추픽추

2분	4분	6분	8분
100점	80점	50점	30점

※점수에 표시하세요!

불
뒷   석
안   감
   좌

힌트

불○○ : 마음이 편하지 아니하고 조마조마한 느낌이에요.

뒷○○ : 자동차 따위에서 뒷자리에 있는 좌석을 말해요.

좌○○○ : 앉아도 자리가 편안하지 않다는 뜻으로 안절부절못하는 모습을 이르는 말이에요.

그리스
산토리니

2분	4분	6분	8분
100점	80점	50점	30점

※점수에 표시하세요!

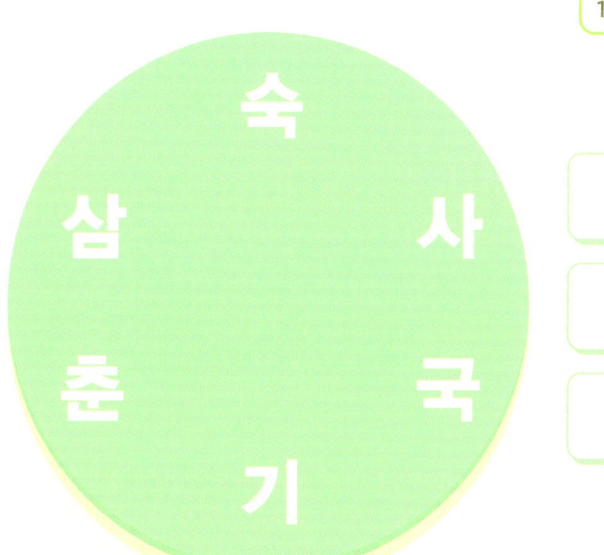

숙 사 삼 국 춘 기

힌트

- 기○○ : 학교나 회사 따위에 딸려 있어 학생이나 사원에게 싼값으로 숙식을 제공하는 시설이에요.
- 사○○ : 청소년기에 몸과 마음의 변화를 겪는 시기예요.
- 삼○○○ : 고려시대 김부식이 지은 역사책으로 신라, 고구려, 백제 세 나라의 역사를 적었어요.

러시아
모스크바

3분	5분	7분	10분
100점	80점	50점	30점

※점수에 표시하세요!

힌트

주○○ : 주동적인 위치에서 이끌어 나갈 수 있는 권리나 권력을 말해요.

다○○ : 쓰임이 여러 가지로 있어요.

의○○ : 다른 것에 의지하여 생활하거나 존재하는 정도를 말해요.

용○○○ : 꼼꼼히 마음을 써서 일에 빈틈이 없는 모습을 말해요.

아이슬란드
게이시르

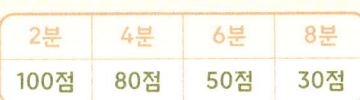

2분	4분	6분	8분
100점	80점	50점	30점

※점수에 표시하세요!

명
견   오
소   지
  선

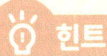 힌트

명○ : 경치나 고적, 산물 따위로 널리 알려진 곳이에요.

오○○ : 악보를 그릴 수 있도록 오선을 그은 종이예요.

선○○○ : 어떤 일이 일어나기 전에 미리 앞을 내다보고 아는 지혜를 이르는 한자어예요.

중국
상하이

3분	5분	7분	10분
100점	80점	50점	30점

※점수에 표시하세요!

지 동 충 목 적 요 부

힌트

충○○ : 마음속에서 어떤 욕구 같은 것이 갑작스럽게 일어나는 것이에요.

요○○ : 군사적으로 아주 중요한 곳이에요.

목○○ : 목적으로 삼는 곳이에요.

요○○○ : 흔들어도 꼼짝하지 않는 모습이에요.

이탈리아
베네치아

2분	4분	6분	8분
100점	80점	50점	30점

※점수에 표시하세요!

자
독   경
율   우
  이 구

 힌트

구○○ : 책이나 신문, 잡지 따위의 정기 간행물을 구입하여 읽는 사람이에요.

이○○ : 원금에 대한 이자의 비율이에요.

우○○○ : 쇠귀에 경 읽기라는 뜻으로, 아무리 가르치고 일러 주어도 알아듣지 못함을 이르는 말이에요.

미국
하와이

2분	4분	6분	8분
100점	80점	50점	30점

※점수에 표시하세요!

강 무 거 이 정 표 종

힌트

이○○ : 주로 도로상에서 어느 곳까지의 거리 및 방향을 알려 주는 표지를 말해요.

정○○ : 무릎 아래에서 앞 뼈가 있는 부분이에요.

무○○ : 아무런 감정도 얼굴에 드러나 있지 않은 표정이에요.

인도
타지마할

2분	4분	6분	8분
100점	80점	50점	30점

※점수에 표시하세요!

감 / 양 / 동 / 도 / 인 / 질

 **힌트**

동○○ : 성질이 서로 비슷해서 익숙하거나 잘 맞는 느낌을 말해요.

동○○ : 동양 사람을 가르키는 말이에요.

인○○ : 오대양의 하나로 아시아, 오스트레일리아, 아프리카 대륙과 남극 대륙에 둘러싸여 있어요.

대한민국
제주도

2분	4분	6분	8분
100점	80점	50점	30점

※점수에 표시하세요!

관
초 노
령 사
심

💡 힌트

사○○ : 육군의 야전군, 해군의 함대, 공군의 작전 사령부 및 기지를 지휘·통솔하는 최고 지휘관이에요.

관○○ : 관심을 끄는 일이에요.

노○○○ : 몹시 마음을 쓰며 애를 태우는 모습이에요.

베트남
하롱베이

2분	4분	6분	8분
100점	80점	50점	30점

※점수에 표시하세요!

외 상 정 지 인 잡

힌트

잡○○ : 일정한 가게 없이 옮겨 다니면서 자질구레한 물건을 파는 장사꾼을 이르는 말이에요.

외○○ : 그 고장 사람이 아닌 사람을 이르는 말이에요.

인○○○ : 사람이면 누구나 가지는 보통의 마음이에요.

일본
도쿄

2분	4분	6분	8분
100점	80점	50점	30점

※점수에 표시하세요!

세 / 진 / 죽 / 지 / 파 / 원

힌트

진○○ : 지진의 진원 바로 위에 있는 지점, 혹은 최초로 지진파가 발생한 지역을 말해요.

지○○ : 지진이나 인공적 폭발 때문에 생기는 탄성파를 말해요.

파○○○ : 대나무를 쪼개는 기세라는 뜻으로, 적을 거침없이 물리치고 쳐들어가는 기세를 이르는 말이에요.

영국 런던

2분	4분	6분	8분
100점	80점	50점	30점

※점수에 표시하세요!

귀 정 속 자 필 사 공

💡 힌트

귀○○ : 귀한 집의 젊은 남자, 혹은 생김새나 몸가짐이 의젓하고 고상한 남자를 이르는 말이에요.

속○○ : 겉으로 드러나지 않은 일의 형편을 말해요.

사○○○ : 모든 일은 반드시 바른길로 돌아간다는 뜻의 한자어예요.

캐나다
밴프

2분	4분	6분	8분
100점	80점	50점	30점

※점수에 표시하세요!

립 / 지 / 설 / 자 / 해 / 결

힌트

해○○ : 문제나 사건의 내용 따위를 알기 쉽게 풀어 설명하는 사람을 말해요.

설○○ : 기관이나 조직체 따위를 새로 만들어 세운 사람이에요.

결○○○ : 맺은 사람이 풀어야 한다는 뜻으로, 자기가 저지른 일은 자기가 해결하여야 함을 이르는 한자어예요.

프랑스
파리

3분	5분	7분	10분
100점	80점	50점	30점

※점수에 표시하세요!

자, 벽, 청, 실, 력, 천, 료

힌트

- 자○○ : 자료를 보관하는 방이에요.
- 실○○ : 실질적인 권력이나 역량을 가지고 있는 사람을 말해요.
- 실○○ : 계획이나 신념 따위를 실제로 이행할 수 있는 힘이에요.
- 청○○○ : 맑게 갠 하늘에서 치는 날벼락이라는 뜻으로, 뜻밖에 일어난 큰 변고나 사건을 비유적으로 이르는 말이에요.

멕시코
멕시코시티

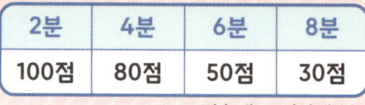

2분	4분	6분	8분
100점	80점	50점	30점

※점수에 표시하세요!

```
      폐
 주         차
 림         상
      장
```

 **힌트**

폐○○ : 낡거나 못 쓰게 된 차를 없애는 곳이에요.

상○○ : 음식상을 차리는 일이에요.

주○○ : 차를 세워 두도록 마련한 곳이에요.

미국
알래스카

2분	4분	6분	8분
100점	80점	50점	30점

※점수에 표시하세요!

힌트

불○○ : 선거에 입후보하지 않는 것을 말해요.

출○○ : 드나드는 문이에요.

두○○○ : 집에만 있고 바깥출입을 하지 않을 것을 말해요.

네덜란드
암스테르담

3분	5분	7분	10분
100점	80점	50점	30점

※점수에 표시하세요!

반 / 축 / 의 / 반 / 신 / 어 / 성

💡 힌트

의○○ : 사람이나 사물의 소리를 흉내 낸 말이에요.

반○○ : 서로 정반대되는 뜻의 말이에요.

신○○ : 물체가 늘어나고 줄어드는 성질을 말해요.

반○○○ : 반은 믿고 반은 의심한다는 말이에요.

싱가포르
싱가포르

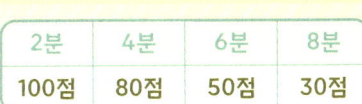

2분	4분	6분	8분
100점	80점	50점	30점

※점수에 표시하세요!

기
치　　주
의　　새
　준

 힌트

- 기○○ : 어떤 상태를 판정하는 기준이 되는 수치를 말해요.
- 주○○ : 어떤 사람의 병을 맡아서 치료하는 의사예요.
- 새○○ : 순서를 어기고 남의 자리에 슬며시 끼어드는 행위나 그런 사람을 말해요.

덴마크
코펜하겐

2분	4분	6분	8분
100점	80점	50점	30점

※점수에 표시하세요!

지 / 핵 / 협 / 기 / 문 / 무

힌트

- 핵○○ : 원자 폭탄이나 수소 폭탄처럼 핵반응으로 생기는 힘을 이용한 무기예요.
- 문○○ : 드나드는 문을 지키는 사람이에요.
- 무○○ : 무술이 뛰어난 협객 따위의 이야기를 주로 다룬 책이에요.

오스트레일리아
시드니

2분	4분	6분	8분
100점	80점	50점	30점

※점수에 표시하세요!

💡 힌트

- 응○○ : 운동 경기에서 선수들의 사기를 북돋워 주기 위하여 여럿이 부르는 노래예요.
- 십○○ : 기독교도를 상징하는 '十' 자 모양의 표식이에요.
- 응○○ : 부름이나 물음에 응답하는 사람이에요.

단어 실력 레벨 업!! 가로세로 낱말 퍼즐 4

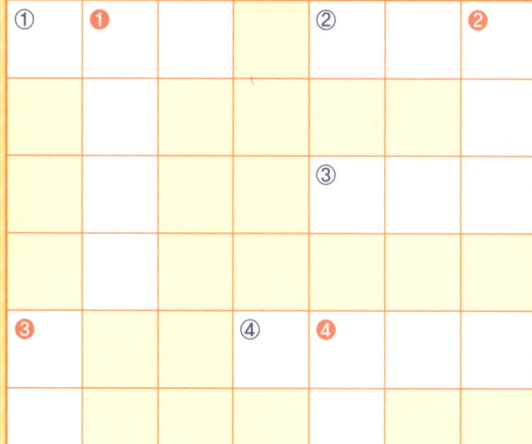

가로 열쇠

① 다○○○ : 쓰임이 여러 가지로 있어요.
② 자○○ : 자료를 보관하는 방이에요.
③ 귀○○ : 귀한 집의 젊은 남자, 혹은 생김새나 몸가짐이 의젓하고 고상한 남자를 이르는 말이에요.
④ 우○○○ : 쇠귀에 경 읽기라는 뜻으로, 아무리 가르치고 일러 주어도 알아듣지 못함을 이르는 말이에요.
⑤ 사○○ : 육군의 야전군, 해군의 함대, 공군의 작전 사령부 및 기지를 지휘·통솔하는 최고 지휘관이에요.

세로 열쇠

① 용○○○ : 꼼꼼히 마음을 써서 일에 빈틈이 없는 모습을 말해요.
② 실○○ : 실질적인 권력이나 역량을 가지고 있는 사람을 말해요.
③ 관○○ : 관심을 끄는 일이에요.
④ 이○○ : 원금에 대한 이자의 비율이에요.

※정답은 117쪽에서 확인하세요.

Level 5

페루
마추픽추

2분	4분	6분	8분
100점	80점	50점	30점

※점수에 표시하세요!

민 거 음 급 훈 장 정

💡 **힌트**

정○○ : 버스나 열차가 일정하게 머무르도록 정하여진 장소로 승객이 타고 내리거나 화물을 싣거나 내리는 곳이에요.

급○○ : 자동차, 기차 따위가 갑자기 멈추는 거예요.

훈○○○ : 백성을 가르치는 바른 소리라는 뜻으로, 1443년에 세종이 창제한 우리나라 글자를 이르는 말이에요.

그리스 산토리니

2분	4분	6분	8분
100점	80점	50점	30점

※점수에 표시하세요!

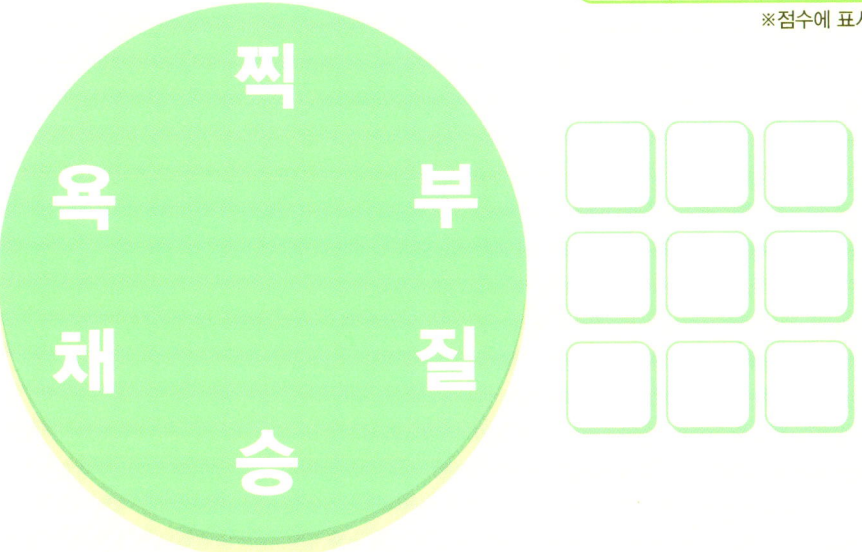

💡 힌트

부○○ : 부채를 흔들어 바람을 일으키는 일로 감정이나 상태의 변화를 부치기는 일을 비유적으로 이르기도 해요.

승○○ : 상대와 경쟁을 하여 승부를 내거나 이기려고 하는 욕구나 욕심을 말해요.

채○○ : 채찍으로 치는 일로, 몹시 재촉하면서 다그치는 행동을 이르는 말이기도 해요.

러시아
모스크바

2분	4분	6분	8분
100점	80점	50점	30점

※점수에 표시하세요!

 힌트

- 경○○ : 정신을 차리고 주의 깊게 살피어 경계하는 마음이에요.
- 경○○ : 서울과 인접해 있는 우리나라 중서부의 도예요.
- 호○○ : 새롭고 신기한 것을 좋아하거나 모르는 것을 알고 싶어 하는 마음이에요.

아이슬란드
게이시르

2분	4분	6분	8분
100점	80점	50점	30점

※점수에 표시하세요!

공 거 형 지 우 설

 힌트

우○○ : 푸성귀를 다듬을 때에 골라 놓은 겉대, 또는 김장이나 젓갈 따위의 맨 위에 덮여 있는 품질이 낮은 부분을 말해요.

설○○ : 먹고 난 뒤의 그릇을 씻어 정리하는 일이에요.

형○○○ : 어두운 밤에 반딧불이, 또는 눈에 비친 달빛으로 공부한다는 뜻으로, 고생을 하면서 부지런하고 꾸준하게 공부하는 자세를 이르는 말이에요.

중국
상하이

3분	5분	7분	10분
100점	80점	50점	30점

※점수에 표시하세요!

힌트

- **주**○○ : 병이나 일부 그릇에서 좁고 길쭉하게 나온, 담긴 물질을 밖으로 나오게 하는 부분을 말해요.
- **쌍**○○ : 한 어머니에게서 한꺼번에 태어난 두 아이를 말해요.
- **이**○○ : 다른 곳으로 옮겨 가서 사는 사람, 또는 다른 곳에서 옮겨 와서 사는 사람을 말해요.
- **자**○○○ : 카리브해 북부에 있는, 영국 연방의 독립국으로 레게 음악의 종주국이에요.

이탈리아
베네치아

2분	4분	6분	8분
100점	80점	50점	30점

※점수에 표시하세요!

미 / 라 / 발 / 드 / 피

💡 힌트

피○○ : 몸집이 작고 납작한 잉엇과의 민물고기, 또는 하찮은 존재를 비유적으로 이르는 말이에요.

발○○ : 중세 유럽에서 유행한 자유로운 형식의 짧은 서사시, 또는 대중음악에서 사랑을 주제로 한 감상적인 노래예요.

피○○○ : 돌이나 벽돌을 쌓아 만든 사각뿔 모양의 거대한 건조물로 주로 왕이나 왕족의 무덤으로 만들어졌어요.

미국
하와이

3분	5분	7분	10분
100점	80점	50점	30점

※점수에 표시하세요!

탐 / 절 / 결 / 생 / 사 / 계 / 단

💡 힌트

- **탐**○○ : 탐사 작업을 위하여 조직한 단체예요.
- **사**○○ : 봄·여름·가을·겨울의 네 철을 이르는 말이에요.
- **사**○○ : 나라를 대표하여 일정한 사명을 띠고 외국에 파견되는 사람들의 무리예요.
- **사**○○○ : 죽고 사는 것을 돌보지 않고 끝장을 내려고 할 때를 말해요.

인도
타지마할

2분	4분	6분	8분
100점	80점	50점	30점

※점수에 표시하세요!

힌트

현○○ : 가까이에서 용암이 빠르게 굳어진 암석으로 구멍이 많은 게 특징이에요.

나○○ : 땔나무를 하는 사람이에요.

대○○ : 사군자의 하나로 마디가 있고 속이 빈 나무예요.

대한민국
제주도

2분	4분	6분	8분
100점	80점	50점	30점

※점수에 표시하세요!

내 할 심 간 인 시 점

💡 힌트

할○○ : 할인된 상품만을 전문적으로 판매하는 점포예요.

인○○ : 괴로움이나 어려움을 참고 견디는 마음이에요.

점○○○ : 점심을 먹기로 정하여 둔 시간, 혹은 점심을 먹는 시간이에요.

베트남
하롱베이

2분	4분	6분	8분
100점	80점	50점	30점

※점수에 표시하세요!

견 머 우 새 리 두 잠

힌트

새○○ : 새우처럼 등을 구부리고 불편하게 자는 잠이에요.

두○○ : 두견이과에 속하는 새로 우리말로는 접동새라고 해요.

우○○○ : 어떤 일이나 단체에서 으뜸인 사람을 말해요.

일본
도쿄

4분	6분	8분	10분
100점	80점	50점	30점

※점수에 표시하세요!

비 입 점 경 가 을 원

💡 힌트

가○○ : 가을에 오는 비예요.

가○○ : 어떤 모임이나 단체에 들어가기 위하여 필요한 돈이에요.

경○○ : 경비의 임무를 맡은 사람이에요.

입○○ : 병원에 입원하여 치료를 받을 때 내는 돈이에요.

점○○○ : 들어갈수록 점점 재미가 있다는 말로, 시간이 지날수록 하는 짓이나 몰골이 더욱 꼴불견임을 비유적으로 이르는 말이에요.

영국
런던

4분	6분	8분	10분
100점	80점	50점	30점

※점수에 표시하세요!

💡 힌트

새〇〇 : 새우의 등처럼 구부러진 사람의 등을 비유적으로 이르는 말이에요.

휴〇〇 : 질병이나 기타 사정으로 학교에 적을 둔 채 일정 기간 동안 학교를 쉬는 학생을 말해요.

생〇〇 : 말리거나 익히거나 절이지 않은 새우를 말해요.

우〇〇 : 성적이 우수한 학생이에요.

초〇〇〇 : 초등학교에 다니는 학생이에요.

캐나다
밴프

2분	4분	6분	8분
100점	80점	50점	30점

※점수에 표시하세요!

돌 충 좌 디 명 우 딤

힌트

- 좌○○ : 늘 자리 옆에 갖추어 두고 가르침으로 삼는 말이나 문구예요.
- 디○○ : 디디고 다닐 수 있게 드문드문 놓은 평평한 돌, 또는 어떤 문제를 해결하는 데에 바탕이 되는 것을 비유적으로 이르는 말이에요.
- 좌○○○ : 아무 사람이나 구분하지 않고 함부로 맞닥뜨린다는 한자어예요.

프랑스
파리

2분	4분	6분	8분
100점	80점	50점	30점

※점수에 표시하세요!

초
은   전
운   보
  결 석

💡 힌트

운○○ : 자동차를 운전하는 사람이 앉는 좌석이에요.

초○○○ : 운전을 시작한 지 얼마 되지 않아 운전에 서툰 것을 말해요.

결○○○ : 풀을 묶어 은혜를 갚는다는 말로 죽은 뒤에라도 은혜를 잊지 않고 갚음을 이르는 사자성어예요.

멕시코
멕시코시티

3분	5분	7분	10분
100점	80점	50점	30점

※점수에 표시하세요!

하 / 가 / 소 / 태 / 과 / 천 / 늘 / 평

💡 힌트

하○○ : 하늘솟과의 곤충을 통틀어 이르는 말로 더듬이가 인상적이에요.

태○○ : 나팔 모양으로 된 우리나라 고유의 관악기예요.

과○○○ : 사실보다 작거나 약하게 평가하는 것을 말해요.

천○○○ : 정치가 잘되어 온 세상이 평화로운 상태, 또는 어떤 일에 무관심한 상태로 걱정 없이 편안하게 있는 태도를 가벼운 놀림조로 이르는 말이에요.

3분	5분	7분	10분
100점	80점	50점	30점

※점수에 표시하세요!

별
추 샘
동 강
꽃 대
위

힌트

별○○ : 작전을 위하여 본대에서 따로 떨어져 나와 독자적으로 행동하는 부대를 말해요.

강○○ : 눈도 오지 않고 바람도 불지 않으면서 몹시 매운 추위를 말해요.

대○○ : 평안남도에 있는 강으로 동백산, 소백산에서 시작하여 황해로 흘러 들어가요.

꽃○○○ : 이른 봄, 꽃이 필 무렵의 추위를 말해요.

네덜란드
암스테르담

3분	5분	7분	10분
100점	80점	50점	30점

※점수에 표시하세요!

시 오 이 행 착 뚝 불

힌트

- 불○○ : 약속이나 계약 따위를 실행하지 않는 것을 말해요.
- 불○○ : 비행기가 비행 도중 기관 고장이나 기상 악화, 연료 부족 따위로 목적지에 이르기 전에 예정되지 않은 장소에 착륙하는 거예요.
- 오○○ : 밑을 무겁게 하여 아무렇게나 굴려도 오뚝오뚝 일어서는 장난감이에요.
- 시○○○ : 학습 방법의 한 가지로, 시험과 실패를 거듭하는 가운데 학습이 이루어지는 일을 말해요.

싱가포르
싱가포르

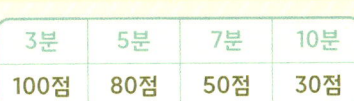

힌트

- 사○○ : 군대, 학교 따위에서 병사나 학생들이 제각기 물품을 넣어 둘 수 있게 만든 곳이에요.
- 사○○ : 우편물의 집배 사무를 보는 우체국에 국장의 승인을 받고 비치하는 가입자 전용의 우편함이에요.
- 사○○ : 일의 까닭을 적은 문서로 사건 또는 사고가 발생하게 된 시기, 원인, 경과 등의 내용을 상세하게 적어요.
- 함○○○ : 심부름을 가서 오지 않거나 늦게 온 사람을 이르는 사자성어예요.

덴마크
코펜하겐

2분	4분	6분	8분
100점	80점	50점	30점

※점수에 표시하세요!

원 안의 글자: 이, 캡, 발, 신, 순, 사

힌트

- 이○○ : 일정한 자격을 가지고 남의 머리털을 깎아 다듬는 일을 직업으로 하는 사람이에요.
- 이○○ : 임진왜란 때 거북선을 만들어 왜적을 무찌른 구국의 영웅이에요.
- 캡○○○ : 고추의 매운맛 성분인 무색 고체로 약용과 향료로 이용하지요.

오스트레일리아
시드니

2분	4분	6분	8분
100점	80점	50점	30점

※점수에 표시하세요!

힌트

서○○ : 서울특별시 용산구 동자동에 있는 기차역으로 우리나라의 대표적인 기차역이에요.

산○○ : 땅속의 변화로 산이 울리는 일. 또는 그런 소리. 또는 울려 퍼져 가던 소리가 산이나 절벽 같은 데에 부딪쳐 되울려오는 소리예요.

울○○○○ : '울산'을 광역시로 이르는 이름이에요.

단어 실력 레벨 업!!
가로세로 낱말 퍼즐 5

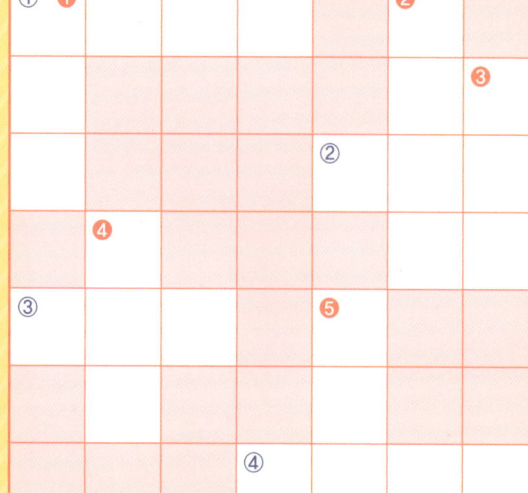

★ 가로 열쇠

① **피**○○○ : 돌이나 벽돌을 쌓아 만든 사각뿔 모양의 거대한 건조물로 주로 왕이나 왕족의 무덤으로 만들어졌어요.

② **급**○○ : 자동차, 기차 따위가 갑자기 멈추는 거예요.

③ **주**○○ : 병이나 일부 그릇에서 좁고 길쭉하게 나온, 담긴 물질을 밖으로 나오게 하는 부분을 말해요.

④ **초**○○○ : 초등학교에 다니는 학생이에요.

★ 세로 열쇠

❶ **피**○○ : 몸집이 작고 납작한 잉엇과의 민물고기, 또는 하찮은 존재를 비유적으로 이르는 말이에요.

❷ **훈**○○○ : 백성을 가르치는 바른 소리라는 뜻으로, 1443년에 세종이 창제한 우리나라 글자를 이르는 말이에요.

❸ **정**○○ : 버스나 열차가 일정하게 머무르도록 정하여진 장소로 승객이 타고 내리거나 화물을 싣거나 내리는 곳이에요.

❹ **쌍**○○ : 한 어머니에게서 한꺼번에 태어난 두 아이를 말해요.

❺ **새**○○ : 새우의 등처럼 구부러진 사람의 등을 비유적으로 이르는 말이에요.

※정답은 119쪽에서 확인하세요.

Level 1

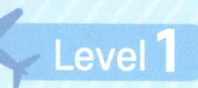

4쪽
| 운 | 동 | 화 |
| 동 | 화 | 책 |

5쪽
| 스 | 케 | 치 |
| 스 | 위 | 스 |

6쪽
| 해 | 조 | 류 |
| 정 | 류 | 소 |

7쪽
| 물 | 장 | 구 |
| 장 | 신 | 구 |

8쪽
| 시 | 골 | 길 |
| 골 | 목 | 길 |

9쪽
| 오 | 두 | 막 |
| 오 | 르 | 막 |

10쪽
| 빈 | 자 | 리 |
| 개 | 나 | 리 |

11쪽
| 은 | 하 | 수 |
| 하 | 수 | 도 |

12쪽
| 스 | 티 | 커 |
| 서 | 커 | 스 |

13쪽
| 자 | 장 | 면 |
| 눈 | 동 | 자 |

14쪽
| 알 | 라 | 딘 |
| 코 | 알 | 라 |

15쪽
| 하 | 와 | 이 |
| 하 | 이 | 에 | 나 |

16쪽
| 그 | 림 | 자 |
| 알 | 림 | 장 |

17쪽
| 우 | 주 | 복 |
| 주 | 파 | 수 |

18쪽
| 행 | 운 | 아 |
| 망 | 아 | 지 |

19쪽
| 세 | 차 | 장 |
| 장 | 마 | 철 |

20쪽
| 표 | 준 | 어 |
| 준 | 비 | 물 |

24쪽 낱말퍼즐

①스	케	치		
위		②세	차	③장
③스	티	커		마
				철
④은	⑤하	수		⑥시
	수			골
	도		⑤골	목	길

21쪽
| 찹 | 쌀 | 떡 |
| 쌀 | 국 | 수 |

22쪽
| 도 | 라 | 지 |
| 도 | 착 | 지 |

23쪽
| 알 | 프 | 스 |
| 프 | 랑 | 스 |

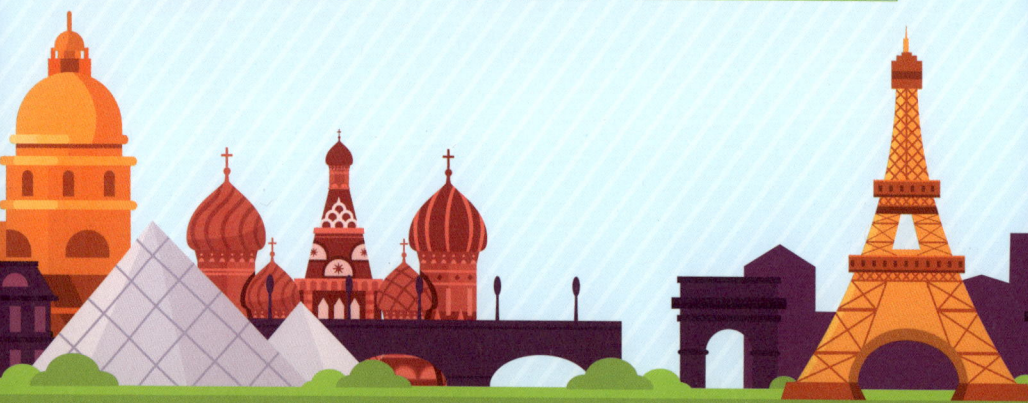

26쪽
피 카 소
대 피 소
대 청 소

27쪽
신 호 등
호 신 술
팔 등 신

28쪽
개 선 문
개 천 절
개 과 천 선

29쪽
인 지 도
신 문 지
흥 인 지 문

30쪽
전 자 파
파 자 마
방 파 제

31쪽
석 굴 암
암 기 력
암 흑 기

32쪽
세 계 사
온 도 계
사 도 세 자

33쪽
사 업 가
초 가 집
사 면 초 가

34쪽
미 사 리
미 용 사
테 두 리
용 두 사 미

35쪽
서 식 지
지 원 서
고 지 서
원 고 지

36쪽
박 진 감
진 달 래
고 진 감 래

37쪽
주 인 공
인 공 지 능
인 어 공 주

38쪽
곰 인 형
변 호 인
의 형 제
호 형 호 제

39쪽
대 장 간
대 리 인
늘 대 인 간

40쪽
개 인 기
식 목 일
성 인 식
개 기 일 식

41쪽
유 목 민
서 유 기
목 민 심 서

42쪽
동 문 회
집 문 서
동 문 서 답

43쪽
유 배 지
사 유 지
사 제 지 간

44쪽
현 상 금
비 상 금
금 상 첨 화

45쪽
무 혐 의
의 무 감
감 개 무 량

46쪽 낱말퍼즐

사	면	초	가		의	
업					무	
가			박	진	감	
				달		흥
				래		인
호						지
신	호	등				문
술				개	선	문

Level 3

48쪽
손	전	등
소	화	전
풍	전	등	화

49쪽
이	질	감
이	간	질
감	언	이	설

50쪽
청	구	서
이	구	아	나
아	나	운	서

51쪽
숙	박	비
산	비	탈
풍	비	박	산

52쪽
백	화	점
백	지	장
화	룡	점	정

53쪽
장	독	대
독	무	대
소	대	장
박	장	대	소

54쪽
상	사	병
불	상	사
동	병	상	련

55쪽
다	락	방
고	동	색
동	고	동	락

56쪽
천	리	안
사	거	리
일	사	천	리

57쪽
일	사	병
무	일	푼
무	사	안	일

58쪽
실	명	제
역	무	실
유	명	무	실

59쪽
도	우	미
도	미	노
질	풍	노	도

60쪽
자	긍	심
봉	사	자
자	원	봉	사

61쪽
최	연	소
최	상	급
상	소	문

62쪽
신	세	대
기	대	주
세	대	주
세	종	대	왕

63쪽
보	신	각
신	기	루
몸	보	신

64쪽
소	각	장
규	장	각
보	건	소

65쪽
뱃	고	동
냉	동	고
참	고	서
동	서	고	금

66쪽
산	수	유
탄	산	수
청	산	별	곡
청	산	유	수

67쪽
금	자	탑
등	갈	비
비	자	금

68쪽 낱말퍼즐

①무	일	푼		③소		
②사	거	리		화		
안			풍	전	⑤등	화
일					갈	
		④몸	⑥보	신	비	
			신			
		⑤규	장	각		

70쪽
불 안 감
뒷 좌 석
좌 불 안 석

71쪽
기 숙 사
사 춘 기
삼 국 사 기

72쪽
주 도 권
다 용 도
의 존 도
용 의 주 도

73쪽
명 소
오 선 지
선 견 지 명

74쪽
충 동 적
요 충 지
목 적 지
요 지 부 동

75쪽
구 독 자
이 자 율
우 이 독 경

76쪽
이 정 표
정 강 이
무 표 정

77쪽
동 질 감
동 양 인
인 도 양

78쪽
사 령 관
관 심 사
노 심 초 사

79쪽
잡 상 인
외 지 인
인 지 상 정

80쪽
진 원 지
지 진 파
파 죽 지 세

81쪽
귀 공 자
속 사 정
사 필 귀 정

82쪽
해 설 자
설 립 자
결 자 해 지

83쪽
자 료 실
실 력 자
실 천 력
청 천 벽 력

84쪽
폐 차 장
상 차 림
주 차 장

85쪽
불 출 마
출 입 문
두 문 불 출

86쪽
의 성 어
반 의 어
신 축 성
반 신 반 의

87쪽
기 준 치
주 치 의
새 치 기

88쪽
핵 무 기
문 지 기
무 협 지

89쪽
응 원 가
십 자 가
응 답 자

90쪽 낱말퍼즐

다	용	도		자	료	실
	의					력
	주			귀	공	자
	도					
관			우	이	독	경
심				자		
사	령	관		율		

Level 5

92쪽
정	거	장
급	정	거
훈	민	정	음

93쪽
부	채	질
승	부	욕
채	찍	질

94쪽
경	각	심
경	기	도
호	기	심

95쪽
우	거	지
설	거	지
형	설	지	공

96쪽
주	둥	이
쌍	둥	이
이	주	자
자	메	이	카

97쪽
피	라	미
발	라	드
피	라	미	드

98쪽
탐	사	단
사	계	절
사	절	단
사	생	결	단

99쪽
현	무	암
나	무	꾼
대	나	무

100쪽
할	인	점
인	내	심
점	심	시	간

101쪽
새	우	잠
두	견	새
우	두	머	리

102쪽
가	을	비
가	입	비
경	비	원
입	원	비
점	입	가	경

103쪽
새	우	등
휴	학	생
생	새	우
우	등	생
초	등	학	생

104쪽
좌	우	명
디	딤	돌
좌	충	우	돌

105쪽
운	전	석
초	보	운	전
결	초	보	은

106쪽
하	늘	소
태	평	소
과	소	평	가
천	하	태	평

107쪽
별	동	대
강	추	위
대	동	강
꽃	샘	추	위

108쪽

불	이	행
불	시	착
오	뚝	이
시	행	착	오

109쪽

사	물	함
사	서	함
사	유	서
함	흥	차	사

110쪽

이	발	사
이	순	신
캡	사	이	신

111쪽

서	울	역
산	울	림
울	산	광	역	시

112쪽 낱말퍼즐

피	라	미	드		훈	
라					민	정
미			급	정	거	
	쌍			음	장	
주	둥	이		새		
	이			우		
			초	등	학	생

카드 게임으로 실력이 쑥쑥! 흔한남매 보드게임 시리즈

국기 카드 보드게임

국기 카드와 나라 이름 카드 각각 50장,
특수카드 4장!
국기와 나라 이름의 짝을
맞추는 카드 놀이
보드게임이에요.

속담 카드 보드게임

속담의 앞 문장과 뒤 문장 카드를 연결하여
속담을 완성해 보세요.

고사성어 카드 보드게임

고사성어에 맞는 뜻풀이를 찾아 보세요.
손에 들고 있는 카드를
모두 내려놓거나 짝을
맞춘 카드 12쌍을 먼저
채우면 승리해요!

(주)학산문화사 발행 ※가까운 서점 및 마트, 인터넷 서점에 있습니다. ※문의: 02-828-8962

사고력과 집중력이 쑥쑥~  보드게임 시리즈

곱셉X구구 보드게임

냐하 카드로 냐하 토큰을 연결하는 두뇌 개발 곱셉구구 보드게임!

액체괴물 방탈출 사다리 게임

비밀의 문으로 벽을 통과하고 액체괴물을 만나면 미끄러지는 스릴 만점 방탈출 게임!

냐하 메모리게임

누가 더 집중력과 기억력을 발휘하여 승리할 것인가!

원카드

끝까지 방심할 수 없는 카드 게임, 원카드를 즐겨 보세요!

ⓒ 흔한컴퍼니. All rights reserved.

안녕 자두야 놀면서 똑똑해지는 두뇌개발 시리즈

단계별로 4×4, 6×6, 9×9 스도쿠 기초 230문제, 기본 200문제 수록!

자두가 친절하게 설명해 주는 스도쿠 풀이법이 담겨 있어요.

1. 안녕 자두야 스도쿠 기초
2. 안녕 자두야 스도쿠 기본

수수께끼 숨은그림찾기로 집중력을 키워 주세요!

아이들의 두뇌개발에 아주 큰 도움이 되는 신개념 놀이책입니다!

1. 상상력이 팡팡 터지는 수수께끼 숨은그림찾기
2. 창의력이 빵빵 터지는 수수께끼 숨은그림찾기
3. 사고력이 쑥쑥 자라는 수수께끼 숨은그림찾기
4. 탐구력이 팡팡 점프되는 수수께끼 숨은그림찾기
5. 집중력이 퐁퐁 솟아나는 수수께끼 숨은그림찾기

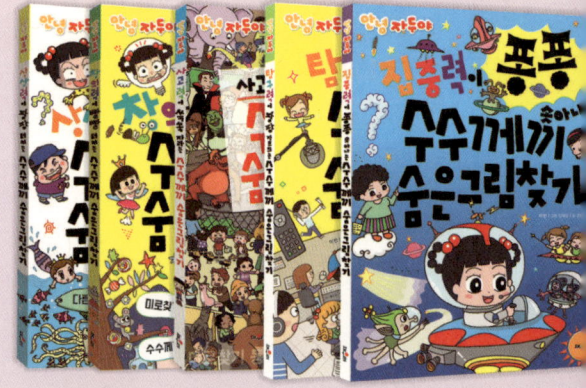

공부 두뇌가 빵 터지는 교과서 놀이!

재미있는 문제에 놀이가 더해져 아이들이 잠시도 한눈을 팔 수 없게 만든 학습 놀이책입니다

1. 공부 두뇌가 빵 터지는 수학놀이
2. 공부 두뇌가 빵 터지는 과학놀이
3. 공부 두뇌가 빵 터지는 경제놀이

※가까운 서점 및 마트, 인터넷 서점에 있습니다. ※문의: 02-828-89

포켓몬썬&문 전국 캐릭터대도감
[상]·[하] 동시 발행!!

[상]·[하] 2권으로 하나의 대도감이 된다!!
전부 합쳐 802마리 포켓몬이 실려 있다!!

※특별부록: [상] 포켓몬 402마리 홀로그램 스티커 2장 / [하] 포켓몬 400마리 홀로그램 스티커 2장

포켓몬 493마리가 한자리에 모였다!

이상해씨, 기라티나, 쉐이미, 로토무 등 493마리 포켓몬의 모습과 진화 단계 완전 분석! 아르세우스의 타입시프트 전17종 수록!!

※특별부록: 포켓몬 493마리 홀로그램 스티커 2장

칼로스지방의 포켓몬 455마리 대공개!!

[전설의 포켓몬] 제르네아스, 이벨타르에서부터 [환상의 포켓몬] 디안시까지! 메가진화를 하는 포켓몬의 진화와 특성 상세 수록!

※특별부록: 포켓몬 455마리 홀로그램 스티커 2장

(주)학산문화사 발행 ※가까운 서점 및 마트, 인터넷 서점에 있습니다. ※문의처: 02) 828-8985

2021년 4월 20일 초판 인쇄
2021년 4월 30일 초판 발행

발행인 | 정동훈
편집인 | 여영아
편집 | 송미진, 김상범
디자인 | 김환겸, design S
마케팅 본부장 | 최낙준
제작 | 김종훈
발행처 | (주)학산문화사

등록|1995년 7월 1일 제3-632호
주소|서울 동작구 상도로 282 학산빌딩
전화|편집 문의 02-828-8873, 8823 영업 문의 02-828-8962
팩스|02-823-5109
홈페이지|www.haksanpub.co.kr

그림 출처 | Shutterstock

ISBN 979-11-348-8455-0 74700
ISBN 979-11-348-8454-3(세트)

© Monsterplanet M Corp. All Rights Reserved.

※본 제품은 한국 내 독점 판권 소유자인 (주)몬스터플래닛엠과의 상품화 계약에 의해
제작, 생산되므로 무단 복제 시 법의 처벌을 받습니다.

※KC마크는 이 제품이 공통안전기준에 적합하였음을 의미합니다.
※잘못된 책은 바꾸어 드립니다.